Impressum
Verlag: BABADADA GmbH, Nedderfeld 112 , 22529 Hamburg
Geschäftsführer / Verlagsleitung: Harald Hof
Druck: Books on Demand GmbH, In de Tarpen 42, 22848 Norderstedt

Imprint
Publisher: BABADADA GmbH, Nedderfeld 112 , 22529 Hamburg, Germany
Managing Director / Publishing direction: Harald Hof
Print: Books on Demand GmbH, In de Tarpen 42, 22848 Norderstedt, Germany

škola

училище

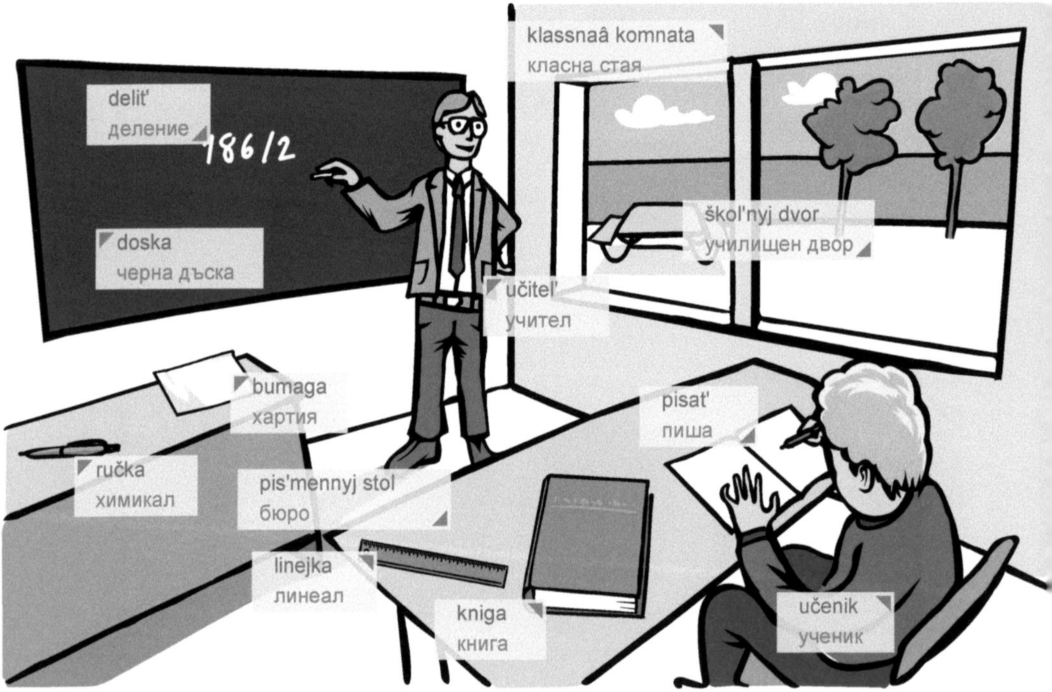

klassnaâ komnata
класна стая
delit'
деление
186/2
doska
черна дъска
školʹnyj dvor
училищен двор
učitel'
учител
bumaga
хартия
pisat'
пиша
ručka
химикал
pis'mennyj stol
бюро
linejka
линеал
kniga
книга
učenik
ученик

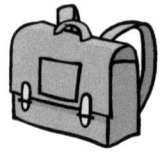

ranec

ученическа раница

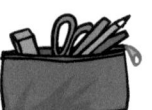

penal

ученически несесер

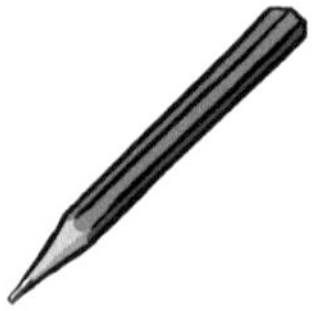

karandaš

молив

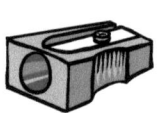

točilka

острилка за моливи

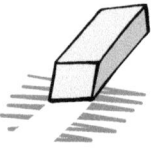

lastik

гума

al'bom dlâ risovaniâ

блок за рисуване

risunok
рисунка

kistočka
четка

korobka krasok
акварелни бои

nožnicy
ножица

klej
лепило

tetrad'
тетрадка за упражнения

domašnââ rabota
домашна работа

cyfra
число

pribavlât'
събиране

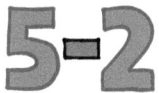

vyčitat'
изваждане

umnožat'
умножение

sčitat'
смятане

bukva
буква

alfavit
азбука

slovo
дума

tekst

текст

čitat'

чета

mel

тебешир

urok

час

klassnyj žurnal

дневник на класа

èkzamen

изпит

diplom

свидетелство

škol'naâ forma

ученическа униформа

obrazovanie

образование

èncyklopediâ

справочник

universitet

университет

mikroskop

микроскоп

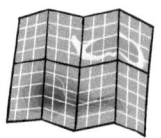

karta

карта

korzina dlâ bumag

кошче за хартиени
отпадъци

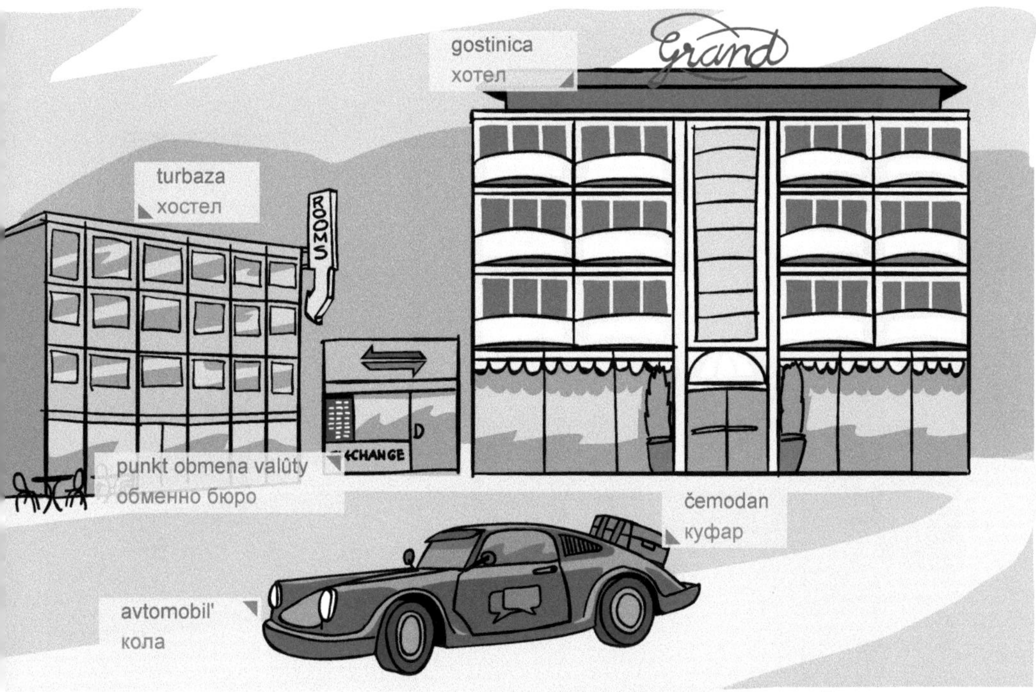
gostinica
хотел
Grand
turbaza
хостел
ROOMS
EXCHANGE
punkt obmena valûty
обменно бюро
čemodan
куфар
avtomobil'
кола

âzyk

език

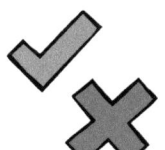

da / net

да / не

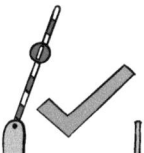

horošo

Окей

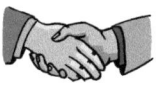

Privet

здравей

perevodčik

преводач

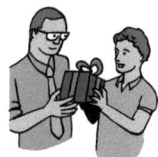

Spasibo

Благодаря

Skol'ko stoit…?

Колко струва…?

Â ne ponimaû

Не разбирам

problema

проблем

Dobryj večer!

Добър вечер!

Dobroe utro!

Добро утро!

Dobroj noči!

Лека нощ!

Do svidaniâ

довиждане

napravlenie

посока

bagaž

багаж

sumka

пътна чанта

rûkzak

раница

gost'

посетител

komnata

стая

spal'nyj mešok

спален чувал

palatka

палатка

turističeskaâ informacyâ

туристическа информация

plâž

плаж

kreditnaâ kartočka

кредитна карта

zavtrak

закуска

obed

обед

užyn

вечеря

bilet

билет

lift

асансьор

počtovaâ marka

пощенска марка

granica

граница

tamožnâ

митница

posol'stvo

посолство

viza

виза

pasport

паспорт

transport

транспорт

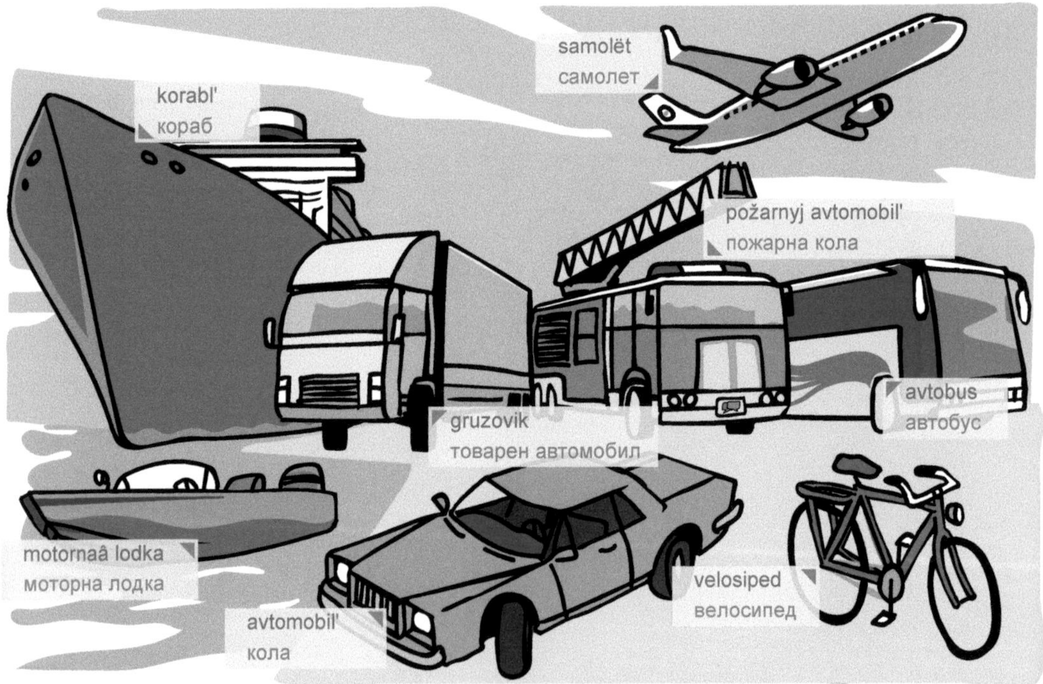

samolët
самолет
korabl'
кораб
požarnyj avtomobil'
пожарна кола
gruzovik
товарен автомобил
avtobus
автобус
motornaâ lodka
моторна лодка
velosiped
велосипед
avtomobil'
кола

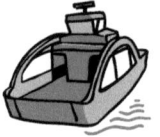

parom

фериботе

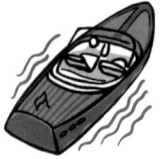

lodka

лодка

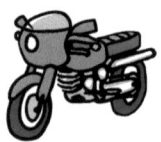

motocykl

мотоциклет

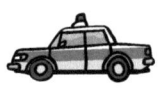

policejskij avtomobil'

полицейска кола

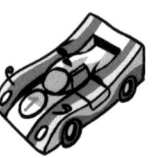

gonočnyj avtomobil'

състезателна кола

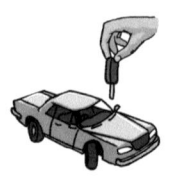

arendovannyj avtomobil'

кола под наем

sovmestnoe pol'zovanie
avtomobilâmi
....
каршеринг

buksirovočnyj avtomobil'
....
автомобил от "Пътна
помощ"

musorovoz
....
сметовоз

dvigatel'
....
двигател

toplivo
....
бензин

zapravka
....
бензиностанция

dorožnyj znak
....
пътен знак

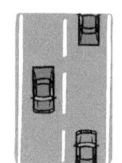

dviženie
....
улично движение

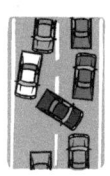

probka
....
задръстване

avtostoânka
....
паркинг

vokzal
....
гара

rel'sy
....
релси

poezd
....
влак

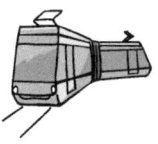

tramvaj
....
трамвай

vagon
....
вагон

vertolët

хеликоптер

aèroport

аерогара

vyška

кула

passažyr

пасажер

kontejner

контейнер

korobka

кашон

teležka

ръчна количка

korzina

кошница

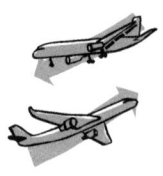

vzletat' / prizemlât'sâ

излитам / приземявам се

gorod

град

derevnâ

село

centr goroda

градски център

dom

къща

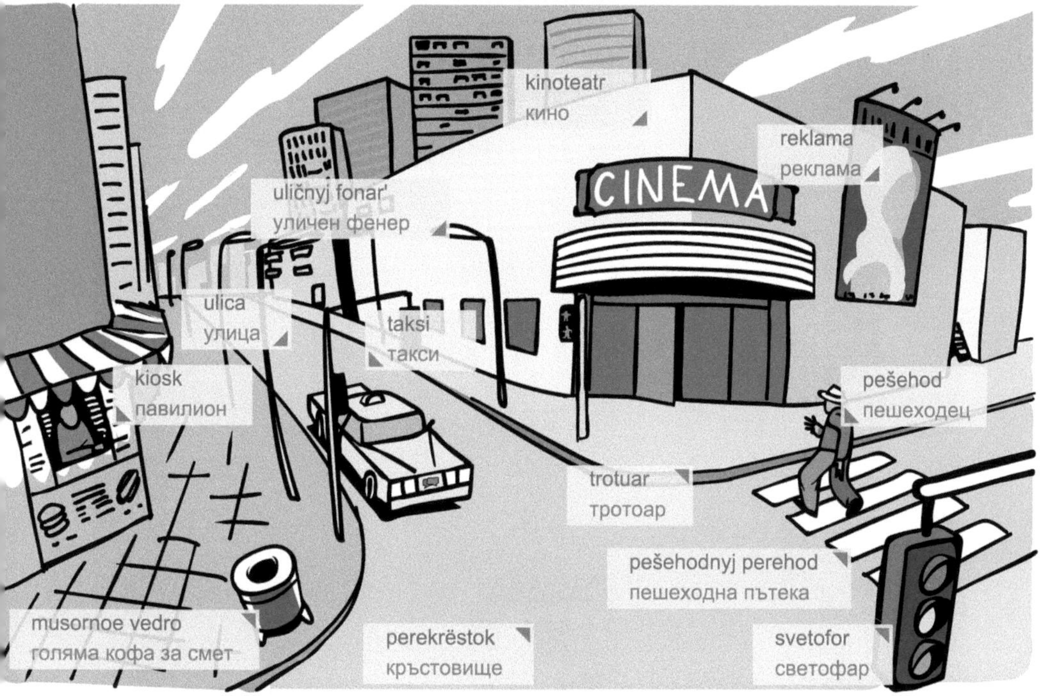

kinoteatr
кино

reklama
реклама

uličnyj fonar'
уличен фенер

CINEMA

ulica
улица

taksi
такси

pešehod
пешеходец

kiosk
павилион

trotuar
тротоар

pešehodnyj perehod
пешеходна пътека

musornoe vedro
голяма кофа за смет

perekrëstok
кръстовище

svetofor
светофар

hižyna
хижа

kvartira
жилище

vokzal
гара

ratuša
кметство

muzej
музей

škola
училище

universitet

университет

bank

банка

bol'nica

болница

gostinica

хотел

apteka

аптека

ofis

офис

knižnyj magazin

книжарница

magazin

магазин за цветя

cvetočnyj magazin

магазин за цветя

supermarket

супермаркет

rynok

пазар

univermag

универсален магазин

torgovec ryboj

търговец на риба

torgovyj centr

търговски център

port

пристанище

park

парк

skamejka

пейка

most

мост

lestnica

стълба

metro

метро

tonnel'

тунел

avtobusnaâ ostanovka

автобусна спирка

bar

бар

restoran

ресторант

počtovyj âŝik

пощенска кутия

tablička s nazvaniem ulicy

улична табелка

parkometr

часовник за паркинг
престой

zoopark

зоологическа градина

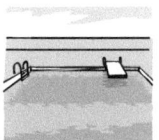

bassejn

плувен басейн

mečet'

джамия

ferma

селски двор

zagrâznenie okružaûšej
sredy

замърсяване на околната
среда

kladbiše

гробище

cerkov'

църква

detskaâ plošadka

детска площадка

hram

храм

landšaft

пейзаж

list
листо

dorožnyj ukazatel'
пътепоказател

doroga
път

lug
ливада

kamen'
камък

derevo
дърво

putešestvennik
пътешественик

reka
река

trava
трева

cvetok
цвете

dolina
долина

gora
планина

ozero
море

les
гора

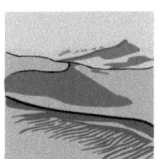

pustynâ
пустиня

vulkan
вулкан

zamok
замък

raduga
дъга

grib
гъба

pal'ma
палма

komar
комар

muha
муха

muravej
мравка

pčela
пчела

pauk
паяк

žuk

бръмбар

lâguška

жаба

belka

катеричка

ež

таралеж

zaâc

заек

sova

кукумявка

ptica

птица

lebed'

лебед

kaban

диво прасе

olen'

елен

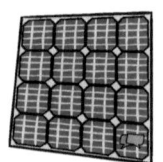

los'

лос

plotina

бент

vetrânoj generator

вятърна турбина

solnečnaâ batareâ

соларен модул

klimat

климат

restoran

ресторант

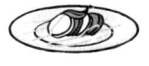

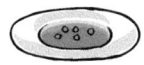

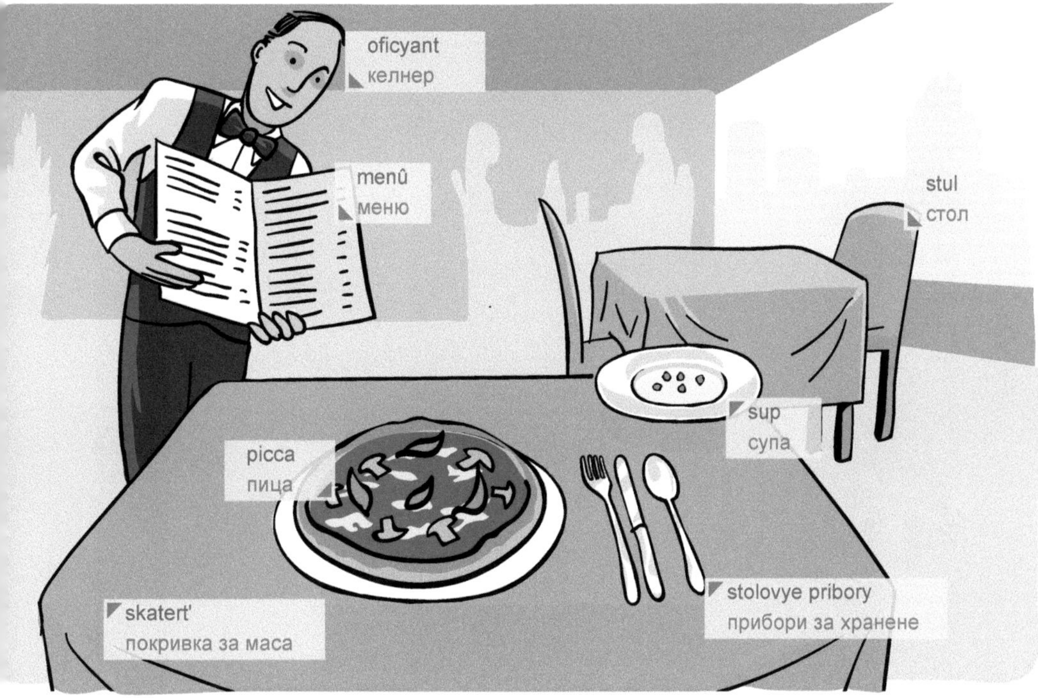
oficyant
келнер
menû
меню
stul
стол
sup
супа
picca
пица
stolovye pribory
прибори за хранене
skatert'
покривка за маса

zakuska
предястие

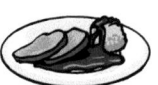

glavnoe blûdo
основно ястие

desert
десерт

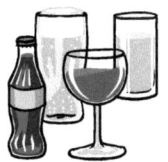

napitki
напитки

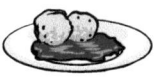

eda
ядене

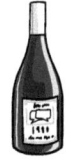

butylka
бутилка

fastfud

бързо хранене

uličnaâ eda

улична храна

čajnik

кана за чай

saharnica

кутия за захар

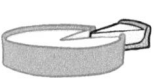

porcyâ

порция

kofevarka

еспресо машина

detskij stul'čik

висок детски стол

sčet

сметка

podnos

табла

nož

ножица за нокти

vilka

вилица

ložka

лъжица

čajnaâ ložka

чаена лъжичка

salfetka

салфетка

stakan

стъклена чаша

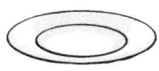

tarelka

чиния

supovaâ tarelka

чиния за супа

blûdce

чинийка

sous

сос

solonka

солница

mel'nica dlâ perca

мелничка за черен пипер

uksus

оцет

maslo

олио

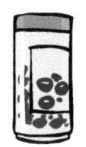

specyi

подправки

ketčup

кетчуп

gorčica

горчица

majonez

майонеза

supermarket

супермаркет

specyal'noe predloženie
оферта
FOR
pokupatel'
клиент
moločnye produkty
млечни продукти
frukty
плодове
teležka dlâ pokupok
количка за покупки

BUTCHERS

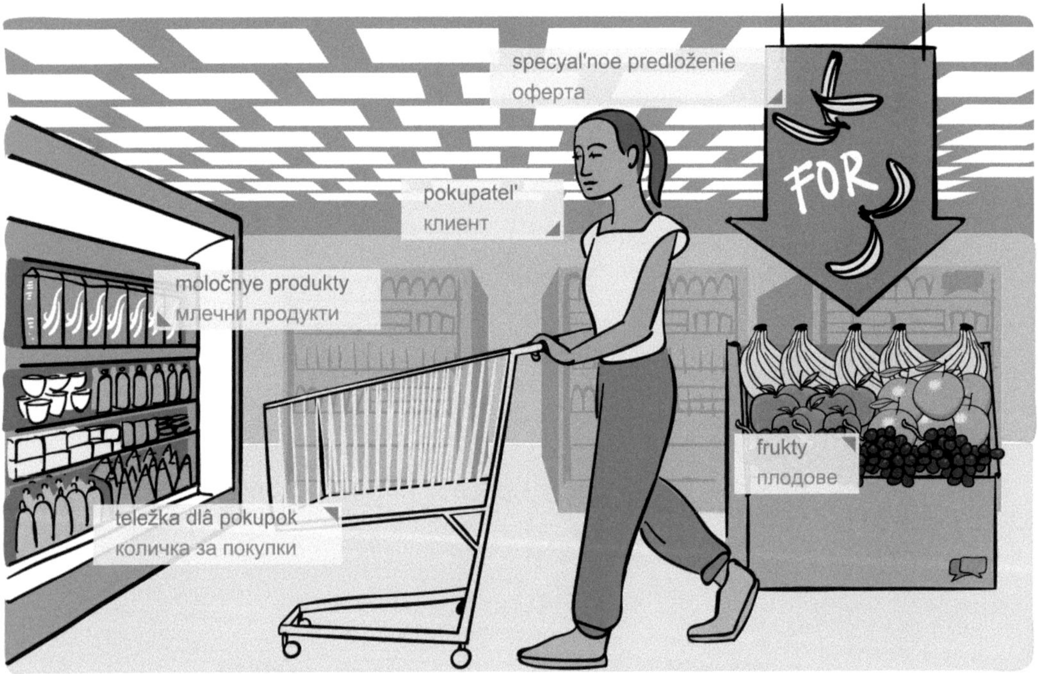

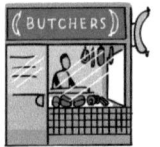

mâsnoj magazin

кланица

BAKERY

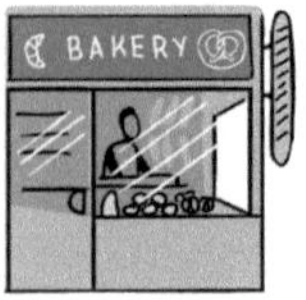

pekarnâ

хлебарница

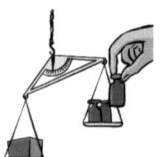

vzvešyvat'

тегля

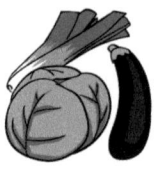

ovoši

зеленчуци

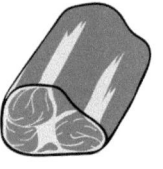

mâso

месо

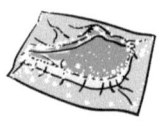

bystrozamorožennye produkty

дълбоко замразена храна

narezka

нарязан колбас или сирене

konservy

консерви

stiral'nyj porošok

перилен препарат

sladosti

лакомства

predmet domašnego obihoda

домакински изделия

moûšee sredstvo

почистващи препарати

prodavšica

продавачка

kassa

каса

kassir

касиер

spisok pokupok

списък на покупките

vremâ raboty

работно време

bumažnik

портфейл

kreditnaâ kartočka

кредитна карта

sumka

чанта

poliètilenovyj paket

пластмасова торба

voda

вода

sok

сок

moloko

мляко

koka-kola

кола

vino

вино

pivo

бира

alkogol'

алкохол

kakao

какао

čaj

чай

kofe

кафе машина

èspresso

еспресо

kapučino

капучино

banan

банан

âbloko

ябълка

apel'sin

портокал

arbuz

пъпеш

limon

лимон

morkov'

морков

česnok

чесън

bambuk

бамбук

luk

лук

grib

гъба

orehi

ядки

lapša

макарони

spagetti

спагети

ris

ориз

salat

салата

kartofel' fri

пържени картофи

žarenyj kartofel'

печени картофи

picca

пица

gamburger

хамбургер

sèndvič

сандвич

šnicel'

шницел

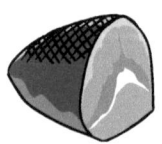

vetčina

шунка

salâmi

траен колбас

kolbasa

салам

kurica

пиле

žarkoe

печено

ryba

риба

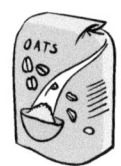

ovsânye hlop'â

овесени ядки

mûsli

мюсли

kukuruznye hlop'â

корнфлейкс

muka

брашно

kruassan

кроасан

buločka

хлебчета

hleb

хляб

tost

препечена филийка

pečen'e

бисквити

maslo

масло

tvorog

извара

pirog

сладкиш

âjco

яйце

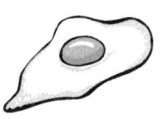

âičnica

яйца на очи

syr

сирене

moroženoe

сладолед

sahar

захар

mëd

мед

marmelad

мармалад

krem s nugoj

нуга крем

karri

кparticularly

къри

eda - ядене

ferma

селски двор

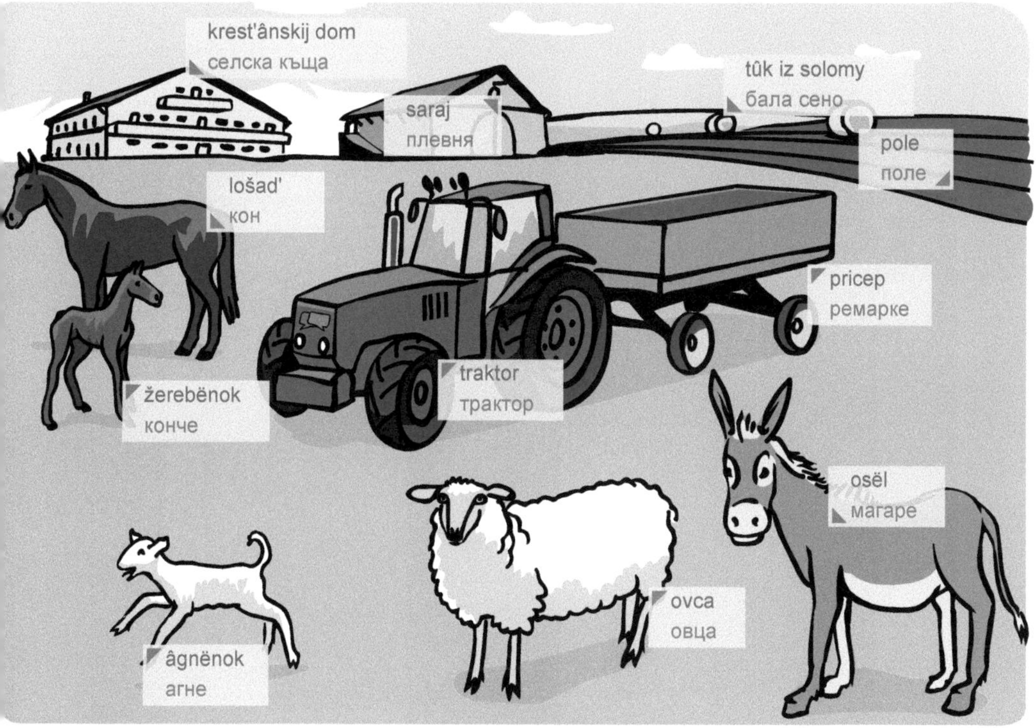

krest'ânskij dom
селска къща
tûk iz solomy
бала сено
saraj
плевня
pole
поле
lošad'
кон
pricep
ремарке
traktor
трактор
žerebënok
конче
osël
магаре
ovca
овца
âgnënok
агне

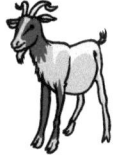

koza

коза

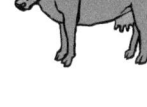

korova

крава

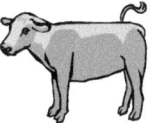

telënok

теле

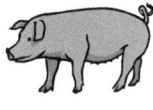

svin'â

свиня

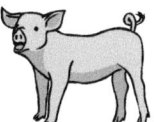

porosënok

прасенце

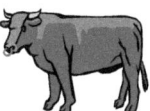

byk

бик

gus'

гъска

utka

патица

cyplënok

пиленце

kurica

кокошка

petuh

петел

krysa

плъх

koška

котка

myš'

мишка

vol

вол

sobaka

куче

konura

кучешка колиба

sadovyj šlang

градински маркуч

lejka

лейка

kosa

коса

plug

плуг

serp

сърп

motyga

мотика

navoznye vily

вила за тор

topor

брадва

tačka

ръчна количка

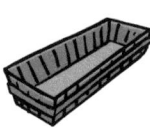

koryto

корито

bidon dlâ moloka

съд за мляко

mešok

чувал

zabor

ограда

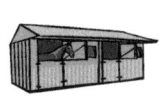

hlev

обор

teplica

парник

počva

земя

posev

сеитба

udobrenie

тор

kombajn

комбайн

sobirat' urožaj

жъна

urožaj

реколта

âms

ямс

pšenica

жито

soâ

соя

kartofel'

картоф

kukuruza

царевица

raps

рапица

fruktovoe derevo

овощно дърво

maniok

маниока

zlaki

зърнени храни

dom
къща

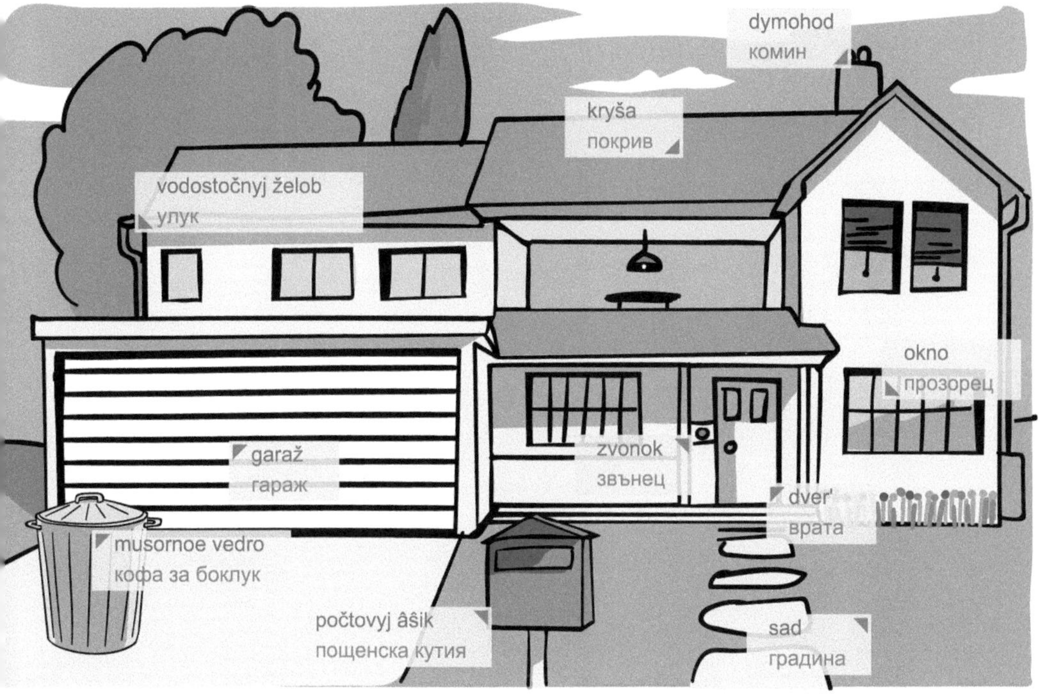
dymohod
комин
kryša
покрив
vodostočnyj želob
улук
okno
прозорец
garaž
гараж
zvonok
звънец
dver'
врата
musornoe vedro
кофа за боклук
počtovyj âŝik
пощенска кутия
sad
градина

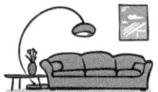

gostinaâ

всекидневна

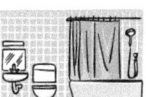

vannaâ komnata

баня

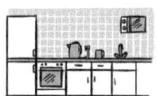

kuhnâ

кухня

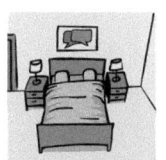

spal'nâ

спалня

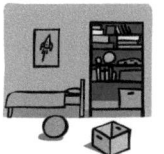

detskaâ komnata

детска стая

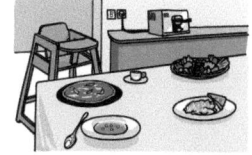

stolovaâ

трапезария

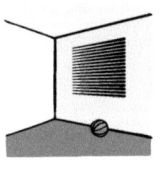

pol
под

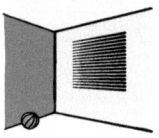

stena
стена

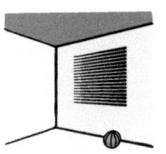

potolok
таван

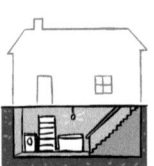

podval
изба

sauna
сауна

balkon
балкон

terrasa
тераса

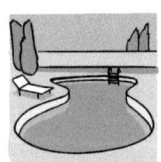

bassejn
плувен басейн

gazonokosilka
косачка

pododeâl'nik
спално бельо

pokryvalo
покривка за легло

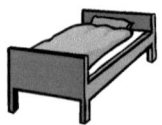

krovat'
легло

metla
метла

vedro
кофа

vyklûčatel'
електрически ключ

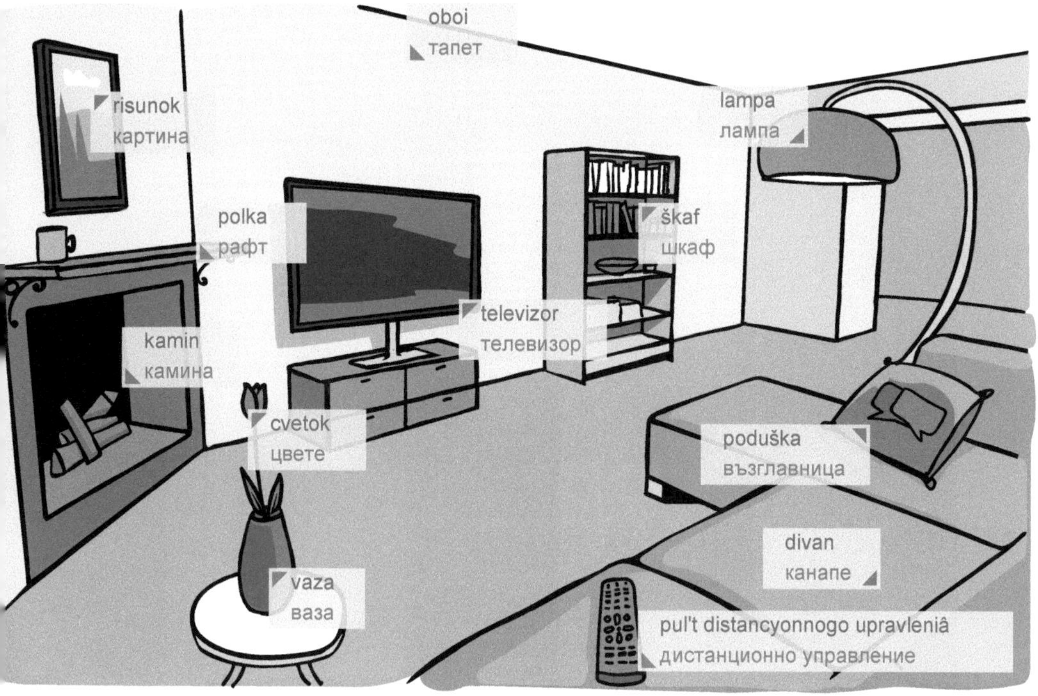

oboi
тапет

risunok
картина

lampa
лампа

polka
рафт

škaf
шкаф

kamin
камина

televizor
телевизор

cvetok
цвете

poduška
възглавница

divan
канапе

vaza
ваза

pul't distancyonnogo upravleniâ
дистанционно управление

kovër
килим

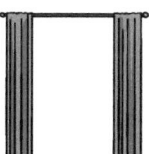

štora
завеса

stol
маса

stul
стол

kreslo-kačalka
люлеещ се стол

kreslo
кресло

kniga

книга

pokryvalo

одеяло

ukrašenie

декорация

drova

дърва за отопление

fil'm

филм

stereosistema

стерео уредба

klûč

ключ

gazeta

вестник

kartina

живопис

plakat

постер

radio

радио

bloknot

бележник

pylesos

прахосмукачка

kaktus

кактус

sveča

свещ

kuhnâ
кухня

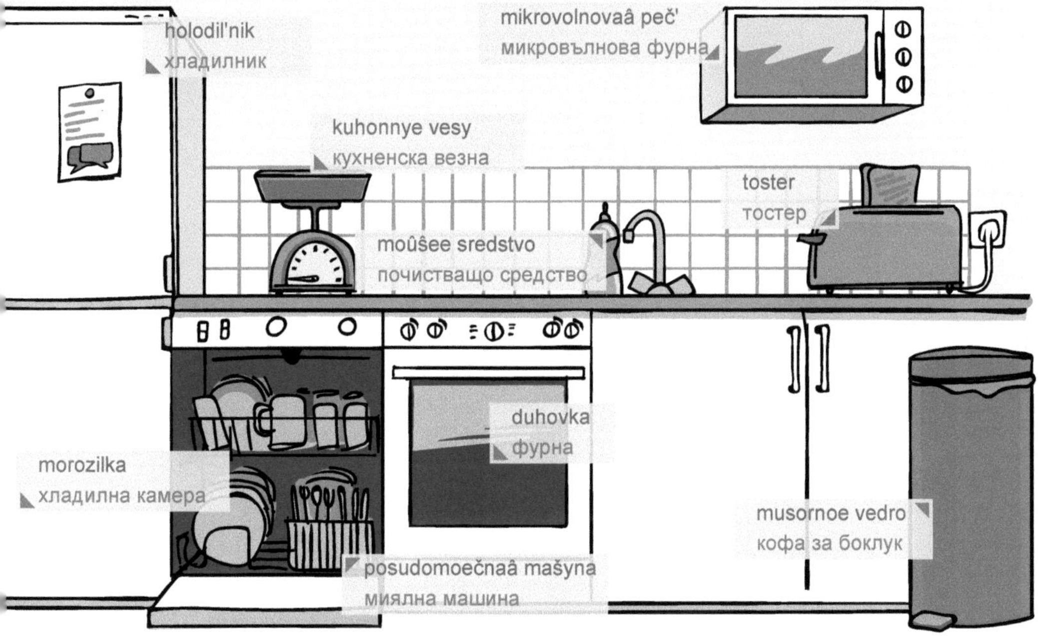

holodil'nik
хладилник
mikrovolnovaâ peč'
микровълнова фурна
kuhonnye vesy
кухненска везна
toster
тостер
moûšee sredstvo
почистващо средство
duhovka
фурна
morozilka
хладилна камера
musornoe vedro
кофа за боклук
posudomoečnaâ mašyna
миялна машина

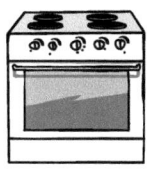

plita

готварска печка

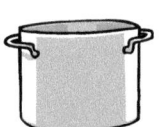

kastrûlâ

тенджера

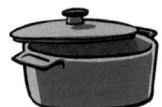

čugunnyj kotelok

желязна тенджера

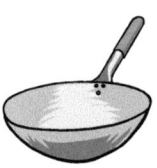

vok / kadaj

уок / кадаи

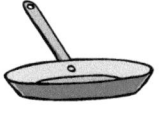

skovoroda

тиган

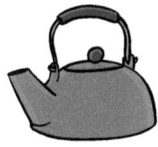

čajnik

кана за затопляне на вода

parovarka

уред за готвене на пара

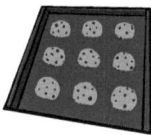

protiven'

тава за печене

posuda

съдове

kružka

чаша

miska

купа

paločki dlâ edy

клечки за хранене

polovnik

черпак

lopatka

лопатка за тиган

sbivalka

тел за разбиване (на яйца, белтъци)

sito

кошница за варене

sito

гевгир

tërka

ренде

stupka

хаван

gril'

барбекю

kostër

огнище

doska

дъска

skalka

точилка

štopor

тирбушон

žestânaâ banka

кутия

konservnyj nož

отварачка за консерви

prihvatka

кухненска ръкохватка

rakovina

мивка

šetka

четка

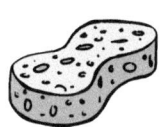

gubka

гъба

mikser

миксер

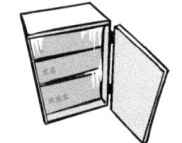

morozil'naâ kamera

фризер

butyločka dlâ kormleniâ

бебешко шише

kran

воден кран

vannaâ komnata

баня

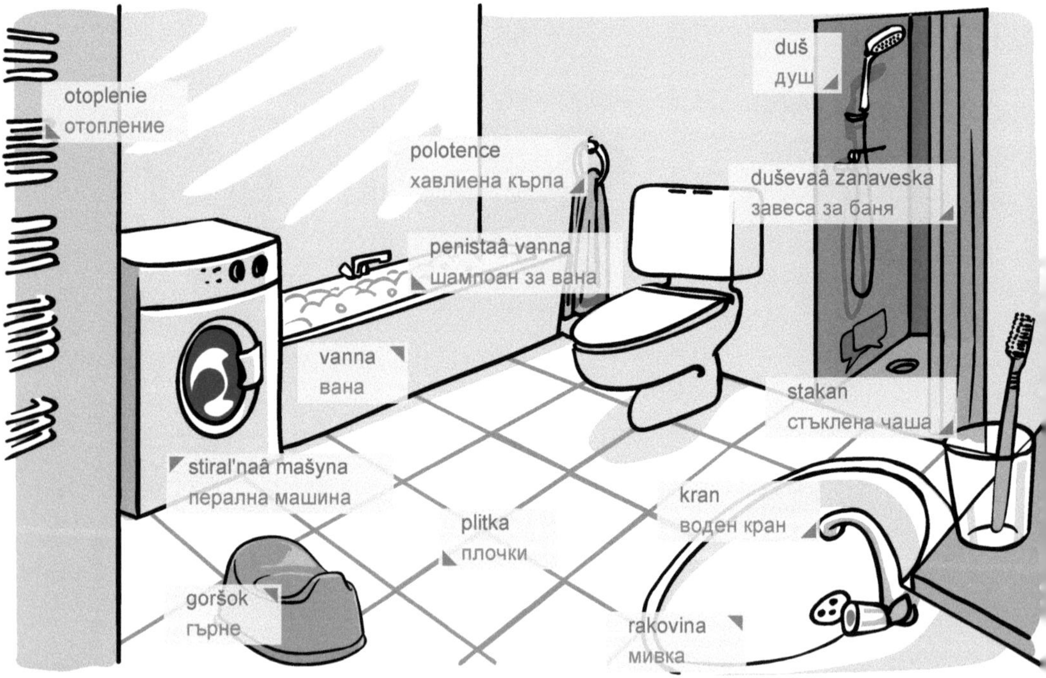
otoplenie
отопление
duš
душ
polotence
хавлиена кърпа
duševaâ zanaveska
завеса за баня
penistaâ vanna
шампоан за вана
vanna
вана
stakan
стъклена чаша
stiral'naâ mašyna
перална машина
kran
воден кран
plitka
плочки
goršok
гърне
rakovina
мивка

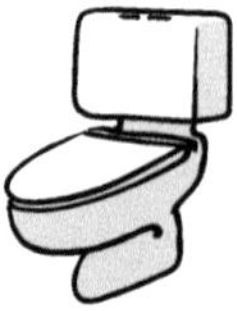

tualet

тоалетна

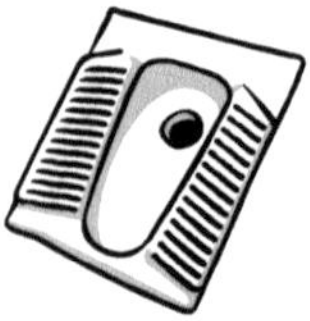

napol'nyj unitaz

клекало

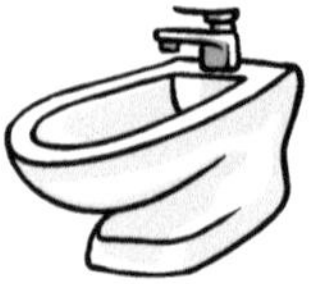

bide

биде

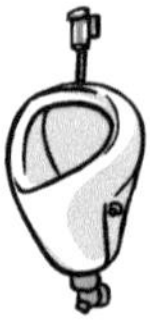

pissuar

писоар

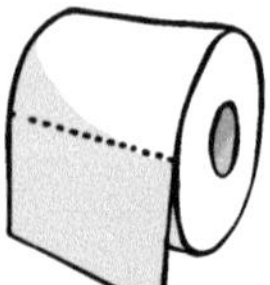

tualetnaâ bumaga

тоалетна хартия

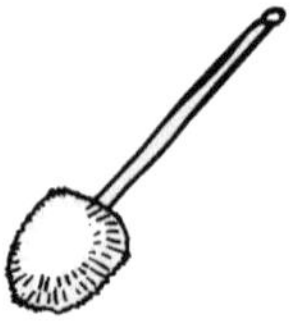

eršyk

четка за тоалетна

zubnaâ šetka

четка за зъби

zubnaâ pasta

паста за зъби

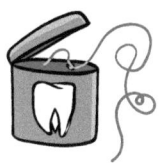

zubnaâ nit'

конец за зъби

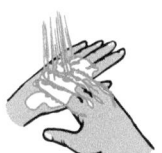

myt'

мия

ručnoj duš

ръчен душ

intimnyj duš

интимен душ

taz

леген

šetka dlâ spiny

четка за гръб

mylo

сапун

gel' dlâ duša

душ гел

šampun'

шампоан за вана

močalka

гъба за баня

stok

сифон

krem

крем

dezodorant

дезодорант

zerkalo

огледало

ručnoe zerkalo

козметично огледало

britva

ръчна самобръсначка

pena dlâ brit'â

пяна за бръснене

los'on posle brit'â

одеколон за след
бръснене

rasčeska

гребен

šetka

четка

fen

сешоар

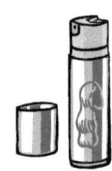

lak dlâ volos

спрей за коса

kosmetika

грим

gubnaâ pomada

червило

lak dlâ nogtej

лак за нокти

vata

памук

manikûrnye nožnicy

ножица за нокти

duhi

парфюм

kosmetička

тоалетна чантичка

taburetka

табуретка

vesy

везна

halat

хавлия

rezinovye perčatki

домакински ръкавици

tampon

тампон

gigieničeskaâ prokladka

дамски преврзки

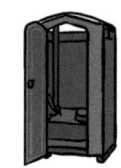

biotualet

химическа тоалетна

detskaâ komnata

детска стая

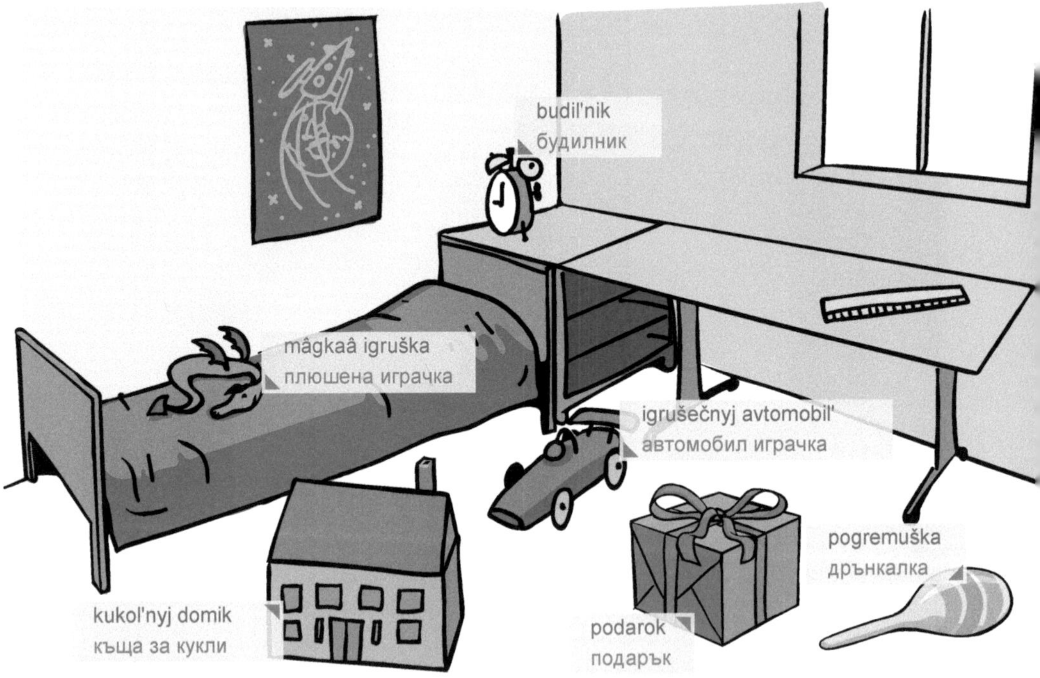
budil'nik
будилник
mâgkaâ igruška
плюшена играчка
igrušečnyj avtomobil'
автомобил играчка
pogremuška
дрънкалка
kukol'nyj domik
къща за кукли
podarok
подарък

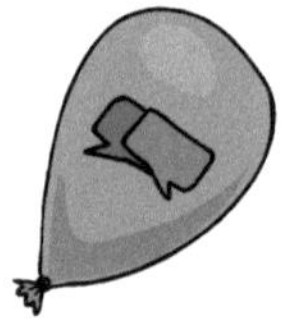

vozdušnyj šar

балон

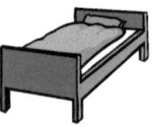

krovat'

легло

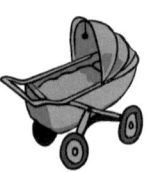

detskaâ kolâska

детска количка

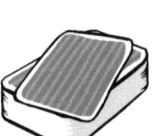

kartočnaâ igra

игра на карти

pazl

пъзел

SUPER
MEGA

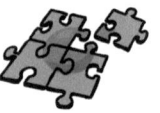

komiks

комикс

kirpičiki Lego

лего елементи

kubiki

строителни елементи

igrušečnaâ figurka

екшън фигурка

polzunki

бебешки гащеризон

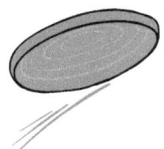

frisbi

фрисби

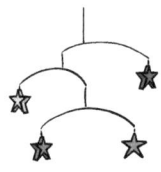

mobile

бебешки играчки за легло

nastol'naâ igra

настолна игра

kubik

зарче

model' železnoj dorogi

миниатюрно влакче

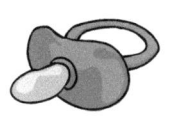

soska

биберон

večerinka

парти

kniga s kartinkami

детска книга с илюстрации

mâč

топка

kukla

кукла

igrat'

играя

pesočnica

пясъчник

kačeli

люлка

igruška

играчка

igrovaâ pristavka

игрова конзола

trëhkolesnyj velosiped

велосипед с три колелета

plûševyj medvežonok

плюшено мече

škaf dlâ odeždy

гардероб

odežda

облекло

noski

къси чорапи

čulki

дълги чорапи

kolgotki

чорапогащник

šarf
шал

zontik
чадър

remen'
колан

futbolka
Т-шърт

sapogi
ботуши

tapki
пантофи

krossovki
гуменки

sandalii
сандали

botinki
обувки

rezinovye sapogi
гумени ботуши

trusy
слип

bûstgal'ter
сутиен

majka
долна блуза

odežda - облекло   45

bodi

боди

brûki

панталон

džynsy

дънки

ûbka

пола

bluzka

блуза

rubaška

риза

sviter

пуловер

sviter

суичър

sportivnaâ kurtka

блейзър

žaket

яке

pal'to

палто

plaŝ

дъждобран

kostûm

костюм

plaťe

рокля

svadebnoe plaťe

булчинска рокля

mužskoj kostûm

костюм

nočnaâ soročka

нощница

pižama

пижама

sari

сари

platok

кърпа за глава

tûrban

тюрбан

parandža

бурка

kaftan

кафтан

abajâ

абая

kupal'nik

бански костюм

plavki

плувни шорти

šorty

къс панталон

sportivnyj kostûm

анцуг

fartuk

престилка

perčatki

ръкавици

pugovica

копче

očki

очила

braslet

гривна

cepočka

верижка

kol'co

пръстен

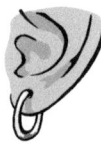

ser'ga

обеца

šapka

каскет

vešalka

закачалка

šlâpa

шапка

galstuk

вратовръзка

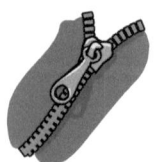

zastežka molniâ

цип

šlem

каска

podtâžki

тиранти

škol'naâ forma

ученическа униформа

forma

униформа

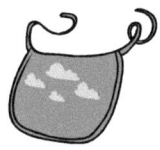

detskij nagrudnik

лигавник

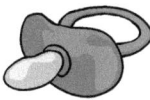

soska

биберон

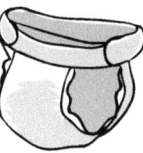

podguznik

пелена

ofis

офис

server
сървър
kancelârskij škaf
шкаф за документи
printer
принтер
bumaga
хартия
monitor
монитор
myš'
мишка
pis'mennyj stol
бюро
papka
папка
klaviatura
клавиатура
korzina dlâ bumag
кошче за хартиени отпадъци
stul
стол
komp'ûter
компютър

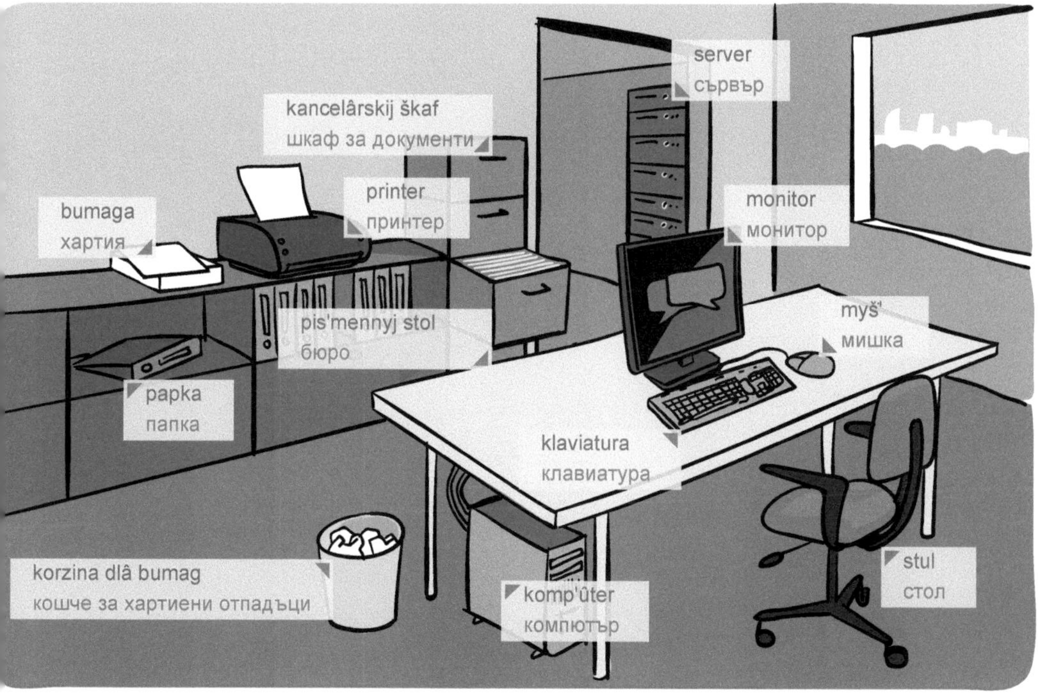

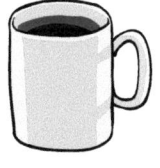

kofejnaâ kružka

чаша за кафе

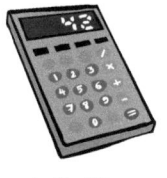

kal'kulâtor

джобен калкулатор

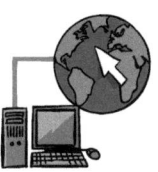

internet

интернет

noutbuk

лаптоп

pis'mo

писмо

soobšenie

съобщение

mobil'nyj telefon

мобилен телефон

set'

мрежа

kseroks

ксерокс

programma

софтуер

telefon

телефон

rozetka

контакт

faks

факс

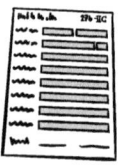

formulâr

формуляр

dokument

документ

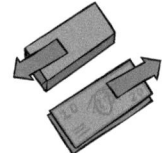

pokupat'

купувам

platit'

плащам

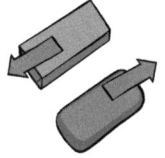

torgovat'

търгувам

den'gi

пари

dollar

долар

evro

евро

iena

йена

rubl'

рубла

frank

швейцарски франк

žèn'min'bi ûan'

ренминби юан

rupiâ

рупия

bankomat

банкомат

punkt obmena valûty

обменно бюро

zoloto

злато

serebro

сребро

neft'

нефт

ènergiâ

енергия

cena

цена

dogovor

договор

nalog

данък

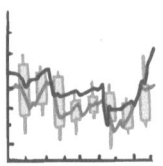

akcyâ

акция

rabotat'

работя

služaŝij

служител

rabotodatel'

работодател

fabrika

фабрика

magazin

магазин за цветя

professii
професии

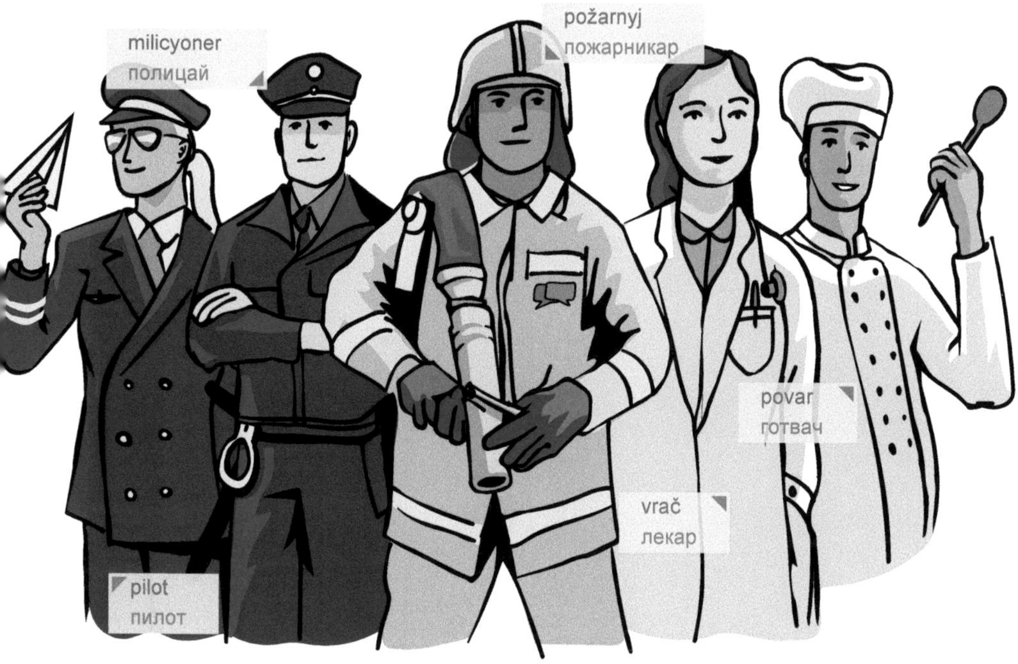

milicyoner
полицай
požarnyj
пожарникар
povar
готвач
vrač
лекар
pilot
пилот

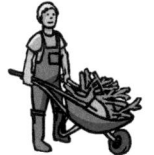

sadovnik

градинар

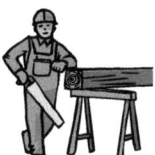

stolâr

мебелист

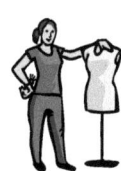

šveâ

шивачка

sud'â

съдия

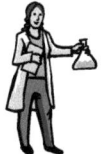

himik

химик

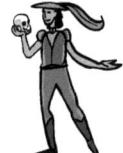

aktër

артист

voditel' avtobusa

шофьор на автобус

taksist

шофьор на такси

rybak

рибар

uborŝica

чистачка

krovel'ŝik

майстор на покриви

oficyant

келнер

ohotnik

ловец

hudožnik

художник

pekar'

хлебар

èlektrik

електротехник

stroitel'

строителен работник

inžener

инженер

mâsnik

касапин

santehnik

тенекеджия

počtal'on

пощальон

soldat

войник

arhitektor

архитект

kassir

касиер

florist

цветар

parikmaher

фризьор

konduktor

кондуктор

mehanik

механик

kapitan

капитан

zubnoj vrač

зъболекар

učenyj

научен работник

ravvin

равин

imam

имàм

monah

монах

svâŝennik

свещеник

instrumenty
инструменти

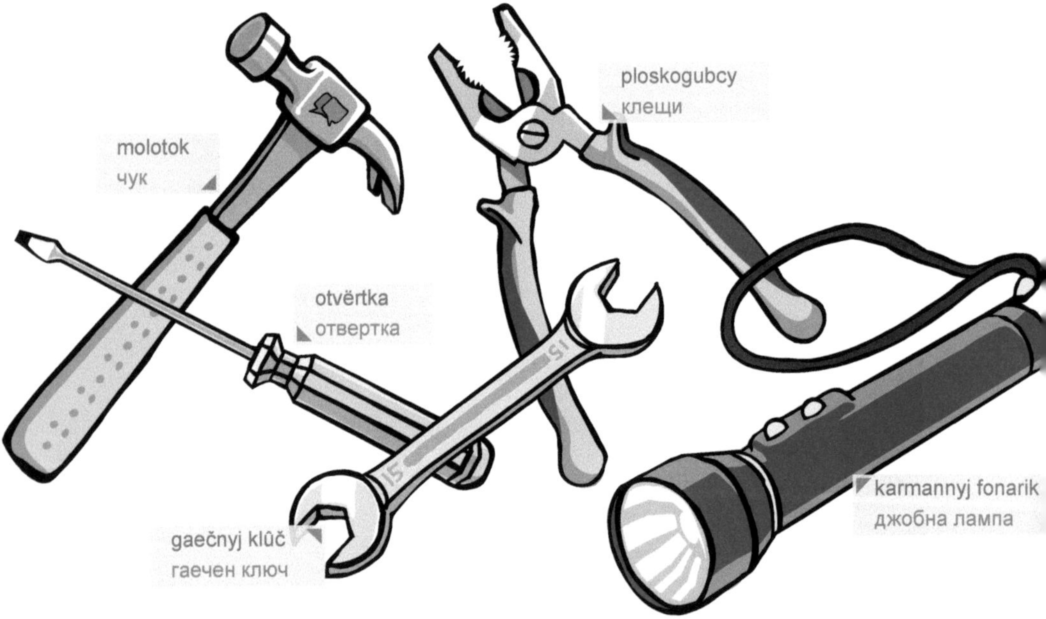
ploskogubcy
клещи
molotok
чук
otvërtka
отвертка
karmannyj fonarik
джобна лампа
gaečnyj klûč
гаечен ключ

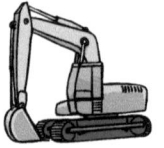

èkskavator

багер

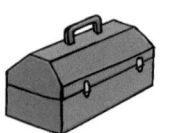

âŝik dlâ instrumentov

кутия за инструменти

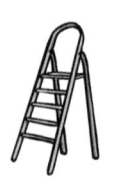

stremânka

стълба

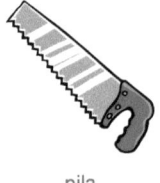

pila

трион

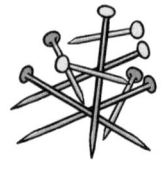

gvozdi

пирони

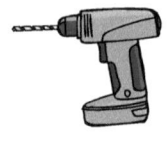

drel'

бормашина

remontirovat'

ремонтирам

lopata

лопата

Blin!

По дяволите!

sovok

лопатка за смет

vedro s kraskoj

кутия за боя

vinty

болтове

muzykal'nye instrumenty
музикални инструменти

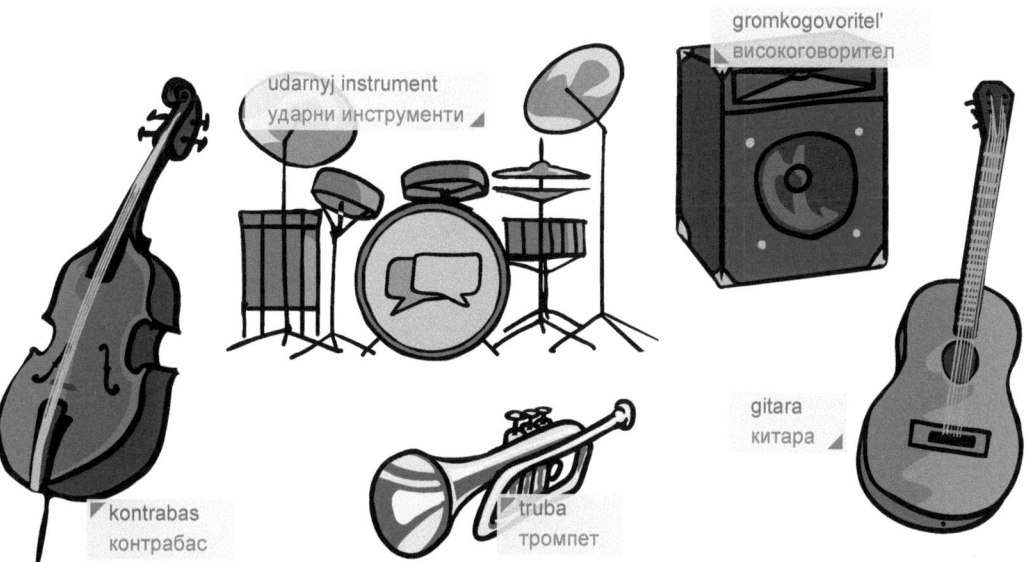

gromkogovoritel'
високоговорител

udarnyj instrument
ударни инструменти

kontrabas
контрабас

truba
тромпет

gitara
китара

pianino

пиано

skripka

виолина

bas-gitara

контрабас

litavry

тимпан

baraban

барабан

sintezator

електрическо пиано

saksofon

саксофон

flejta

флейта

mikrofon

микрофон

zoopark

зоологическа градина

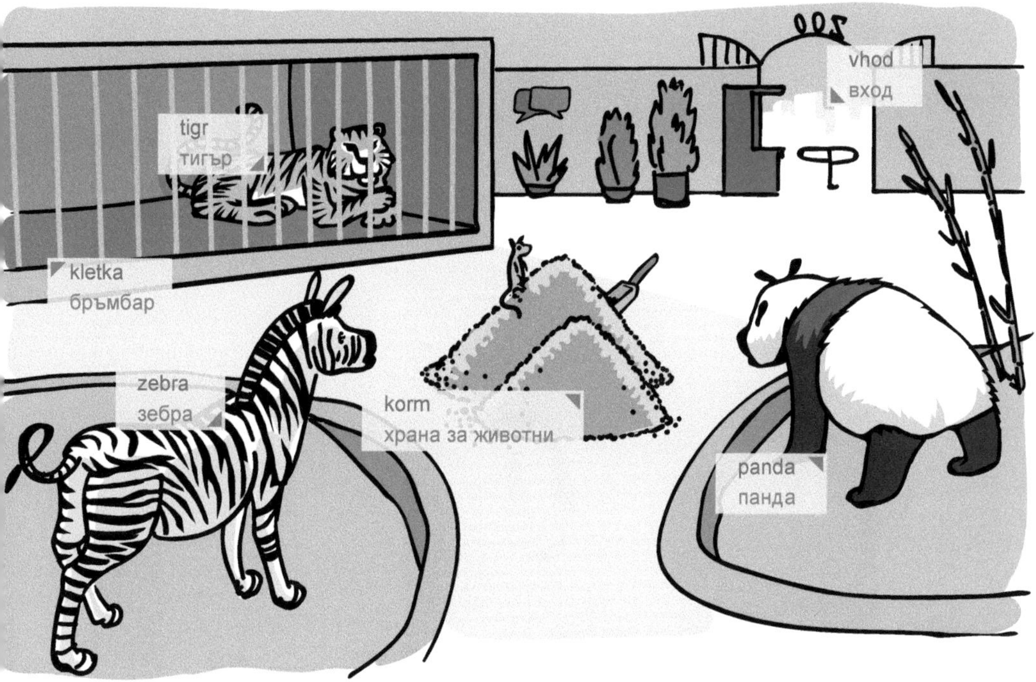

vhod
вход
tigr
тигър
kletka
бръмбар
zebra
зебра
korm
храна за животни
panda
панда

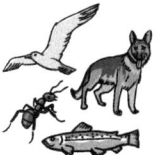

žyvotnye

животни

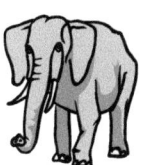

slon

слон

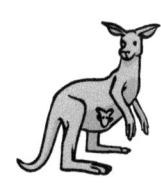

kenguru

кенгуру

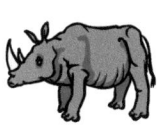

nosorog

носорог

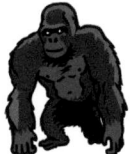

gorilla

горила

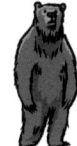

medved'

мечка

verblûd

камила

straus

щраус

lev

лъв

obez'âna

маймуна

flamingo

фламинго

popugaj

папагал

belyj medved'

бяла мечка

pingvin

пингвин

akula

акула

pavlin

паун

zmeâ

змия

krokodil

крокодил

služytel' zooparka

пазач в зоологическа
градина

tûlen'

тюлен

âguar

ягуар

poni

пони

leopard

леопард

begemot

хипопотам

žyraf

жираф

orël

орел

kaban

диво прасе

ryba

риба

čerepaha

костенурка

morž

морж

lisa

лисица

gazel'

газела

amerikanskij futbol
американски футбол

ezda na velosipede
колоездене

tennis
тенис

basketbol
баскетбол

plavanie
плуване

boks
бокс

hokkej
хокей на лед

futbol
футбол

badminton
бадминтон

lëgkaâ atletika
лека атлетика

gandbol
хандбал

lyžnyj sport
ски бягане

polo
поло

dejstviâ
дейности

smeât'sâ
смея се
prygat'
скачам
obnimat'
прегръщам
idti
вървя
pet'
пея
mečtat'
сънувам
molit'sâ
моля се
celovat'
целувам

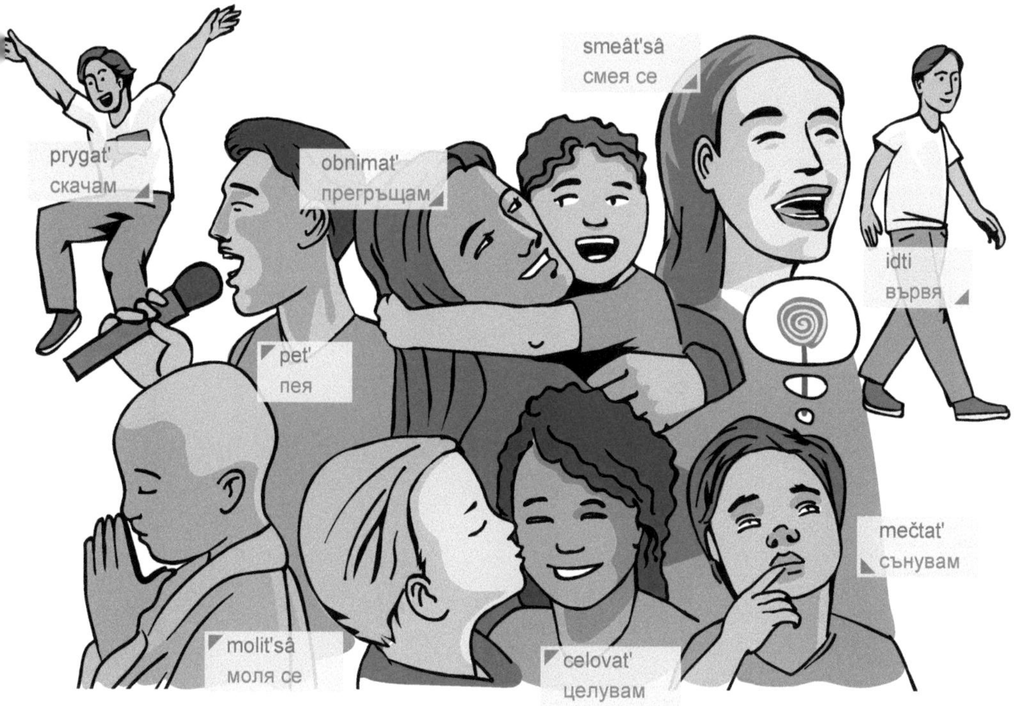

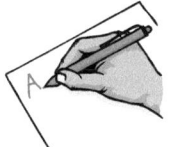

pisat'

пиша

risovat'

рисувам

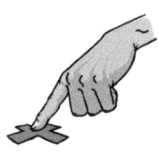

pokazyvat'

показвам

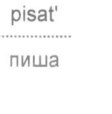

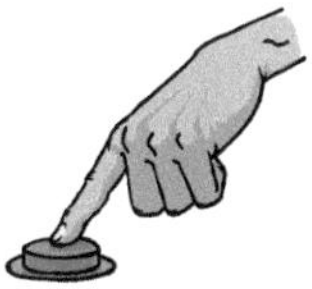

nažymat'

бутам

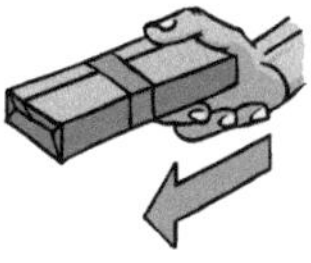

davat'

давам

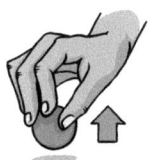

brat'

взимам

imet'

имам

delat'

правя

byt'

съм

stoât'

стоя

bežat'

тичам

tânut'

дърпам

brosat'

хвърлям

padat'

падам

ležat'

лежа

ždat'

чакам

nosit'

нося

sidet'

седя

nadevat'

обличам

spat'

спя

prosypat'sâ

събуждам се

rassmatrivat'

разглеждам

plakat'

плача

gladit'

милвам

pričesyvat'

реша се

govorit'

говоря

ponimat'

разбирам

sprašyvat'

питам

slušat'

слушам

pit'

пия

kušat'

ям

navodit' porâdok

разтребвам

lûbit'

обичам

gotovit'

готвя

ehat'

карам автомобил

letat'

летя

hodit' pod parusom

плавам (с платна)

sčitat'

смятане

čitat'

чета

učit'sâ

уча

rabotat'

работя

vstupat' v brak

женя се

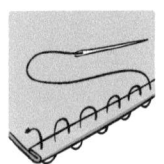

šyt'

шия

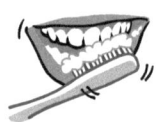

čistit' zuby

измивам си зъбите

ubivat'

убивам

kurit'

пуша

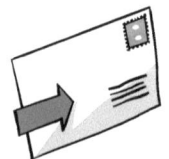

otpravlât'

изпращам

babuška
баба

deduška
дядо

papa
баща

mama
майка

mladenec
бебе

doč'
дъщеря

syn
син

gost'

посетител

tetâ

леля

dâdâ

чичо

brat

брат

sestra

сестра

telo

тяло

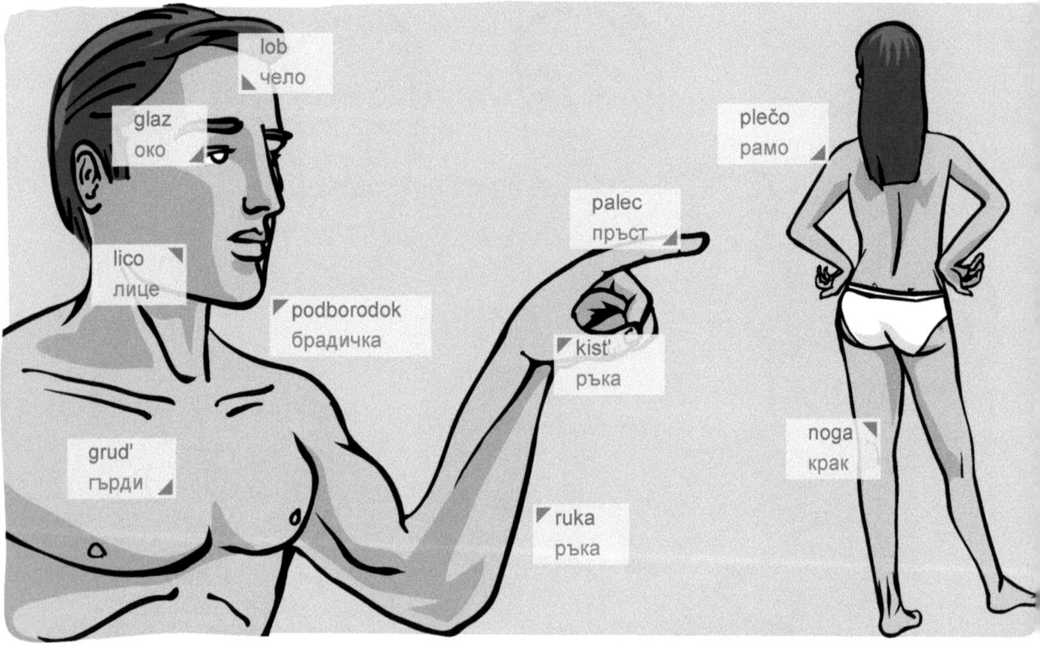

lob
чело
glaz
око
plečo
рамо
palec
пръст
lico
лице
podborodok
брадичка
kist'
ръка
grud'
гърди
noga
крак
ruka
ръка

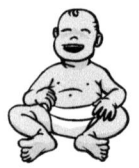

mladenec

бебе

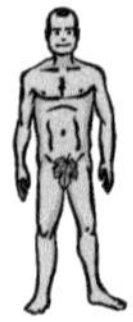

mužčina

мъж

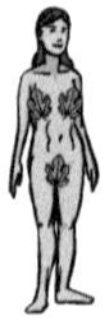

ženŝina

жена

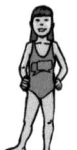

devočka

момиче

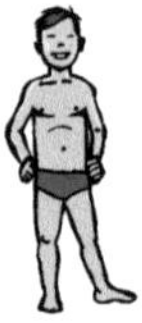

mal'čik

момче

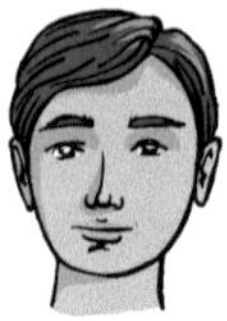

golova

глава

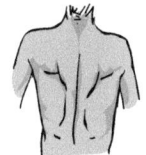

spina

гръб

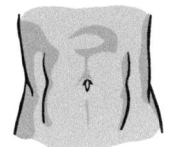

žyvot

корем

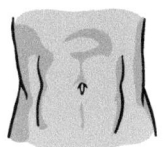

pupok

пъп

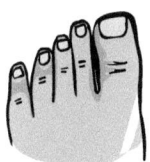

palec nogi

пръст на крака

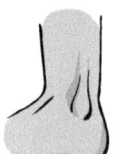

pâtka

пета

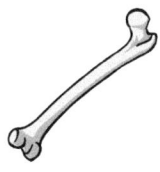

kost'

кост

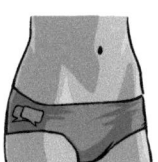

bedro

хълбок

koleno

коляно

lokot'

лакът

nos

нос

âgodicy

седалище

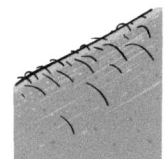

koža

кожа

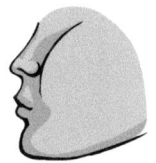

ŝeka

буза

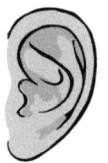

uho

ухо

guba

устна

telo - тяло

rot

уста

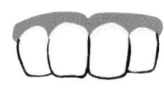

zub

зъб

âzyk

език

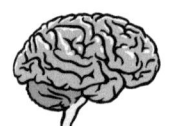

mozg

мозък

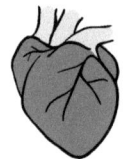

serdce

сърце

myšca

мускул

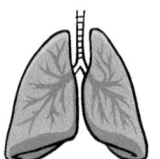

lëgkoe

бял дроб

pečen'

черен дроб

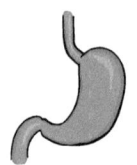

želudok

стомах

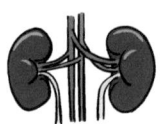

počki

бъбреци

polovoj akt

полово сношение

prezervativ

кондом

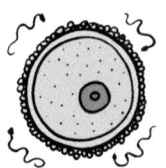

âjcekletka

яйцеклетка

sperma

сперма

beremennost'

бременност

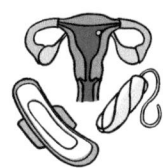

menstruacyâ

менструация

vagina

вагина

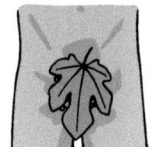

penis

пенис

brov'

вежда

volosy

коса

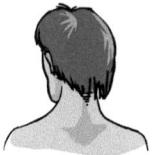

šeâ

шия

telo - тяло

bol'nica
болница

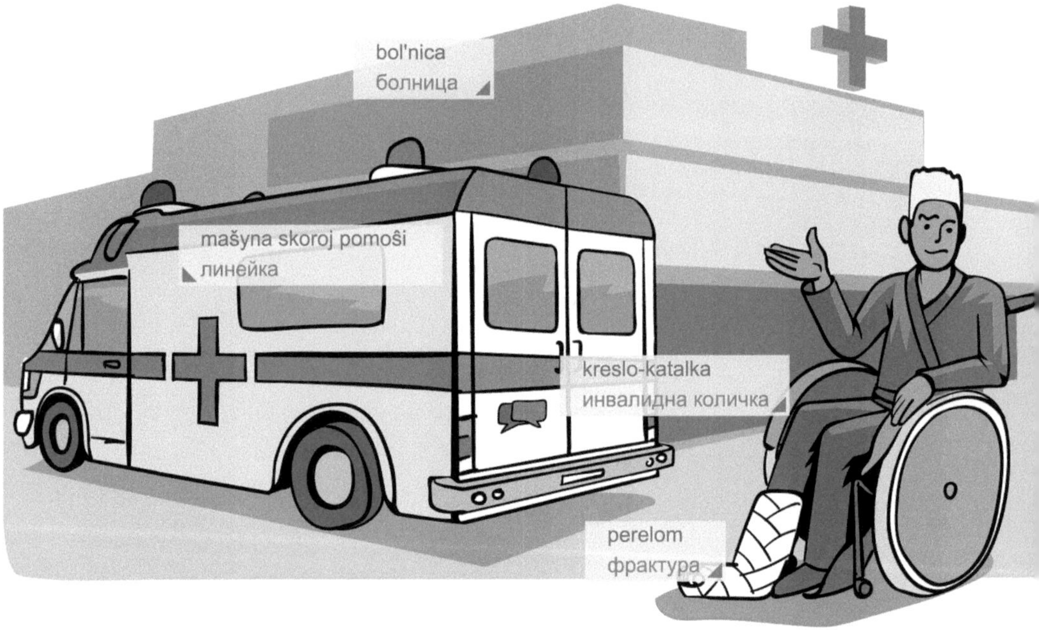

bol'nica
болница
mašyna skoroj pomoŝi
линейка
kreslo-katalka
инвалидна количка
perelom
фрактура

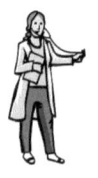

vrač

лекар

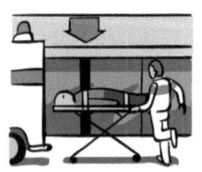

punkt pervoj pomoŝi

спешна хоспитализация

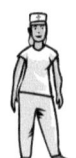

medsestra

медицинска сестра

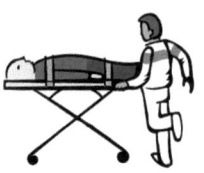

neotložnyj slučaj

спешен случай

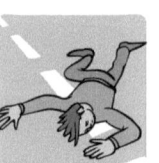

bez soznaniâ

в безсъзнание

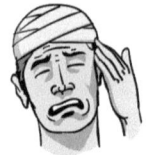

bol'

болка

povreždenie

нараняване

krovotečenie

кървене

infarkt

инфаркт

insul't

инсулт

allergiâ

алергия

kašel'

кашлица

povyšennaâ temperatura

температура

gripp

грип

ponos

диария

golovnaâ bol'

главоболие

rak

рак

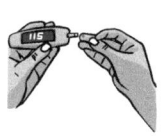

diabet

диабет

hirurg

хирург

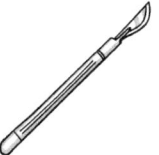

skal'pel'

скалпел

operacyâ

операция

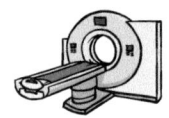

KT

компютърна томография

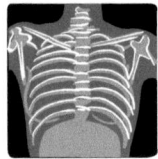

rentgen

рентген

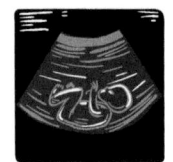

ul'trazvuk

ултразвук

maska

маска

bolezn'

болест

priëmnaâ

чакалня

kostyl'

патерица

plastyr'

пластир

bint

превръзка

ukol

инжекция

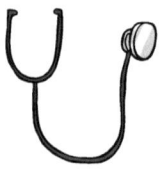

stetoskop

стетоскоп

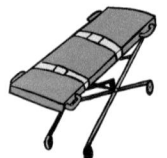

nosilki

носилка

termometr

термометър

roždenie

раждане

izbytočnyj ves

наднормено тегло

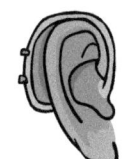

sluhovoj apparat

слухов апарат

dezinfekcyonnoe sredstvo

дезинфекционно средство

infekcyâ

инфекция

virus

вирус

VIČ / SPID

HIV / AIDS

lekarstvo

медицина

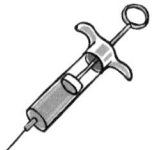

privivka

ваксинация

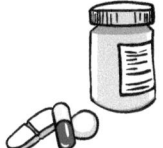

tabletki

таблети

protivozačatočnaâ tabletka

противозачатъчна
таблетка

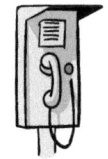

èkstrennyj vyzov

спешно телефонно
обаждане

pribor dlâ izmereniâ
krovânogo davleniâ

апарат за измерване на
кръвното налягане

bol'noj / zdorovyj

болен / здрав

Pomogite!

Помощ!

napadenie

нападение

signal trevogi

сигнал за тревога

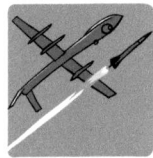

ataka

атака

opasnosť

опасност

zapasnoj vyhod

авариен изход

Požar!

Пожар!

nesčastnyj slučaj

злополука

ognetušytel'

пожарогасител

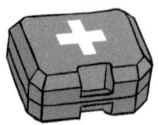

aptečka

комплект за оказване на
първа помощ

SOS

SOS

milicyâ

полиция

Evropa

Европа

Severnaâ Amerika

Северна Америка

Ûžnaâ Amerika

Южна Америка

Afrika

Африка

Aziâ

Азия

Avstraliâ

Австралия

Atlantičeskij okean

Атлантически океан

Tihij okean

Тихи океан

Indijskij okean

Индийски океан

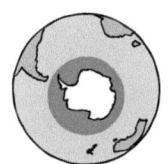

Antarktičeskij okean

Южен ледовит океан

Severnyj Ledovityj okean

Северен ледовит океан

Severnyj polûs

Северен полюс

Ûžnyj polûs

Южен полюс

Antarktika

Антарктида

zemlâ

Земя

suša

суша

more

море

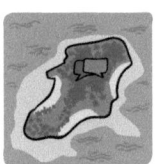

ostrov

остров

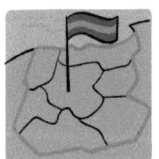

nacyâ

нация

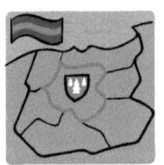

gosudarstvo

държава

cyferblat

циферблат

časovaâ strelka

стрелка на часовете

minutnaâ strelka

стрелка на минутите

sekundnaâ strelka

стрелка на секундите

Kotoryj čas?

Колко е часът?

den'

ден

vremâ

време

sejčas

сега

èlektronnye časy

дигитален часовник

minuta

минута

čas

час

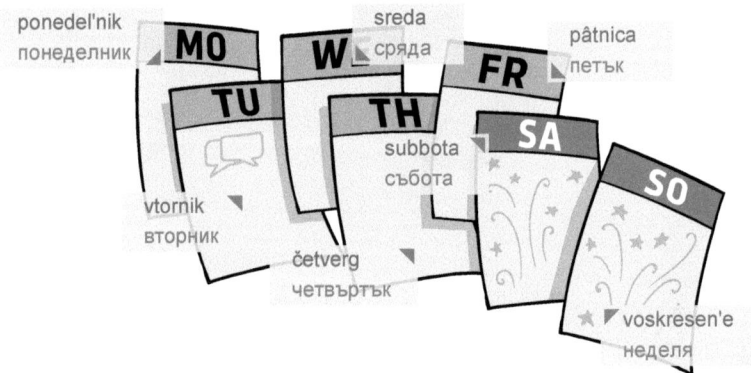

ponedel'nik
понеделник

sreda
сряда

pâtnica
петък

vtornik
вторник

subbota
събота

četverg
четвъртък

voskresen'e
неделя

včera
вчера

segodnâ
днес

zavtra
утре

utro
сутрин

polden'
обед

večer
вечер

MO	TU	WE	TH	FR	SA	SU
1	2	3	4	5	6	7
8	9	10	11	12	13	14
15	16	17	18	19	20	21
22	23	24	25	26	27	28
29	30	31	1	2	3	4

rabočie dni
работни дни

MO	TU	WE	TH	FR	SA	SU
1	2	3	4	5	6	7
8	9	10	11	12	13	14
15	16	17	18	19	20	21
22	23	24	25	26	27	28
29	30	31	1	2	3	4

vyhodnye
уикенд

god

година

dožd'
дъжд
raduga
дъга
sneg
сняг
veter
вятър
vesna
пролет
osen'
есен
leto
лято
zima
зима

4.APRIL 11°
5.APRIL 4°
6.APRIL 13°
7.APRIL 8°
8.APRIL 10°

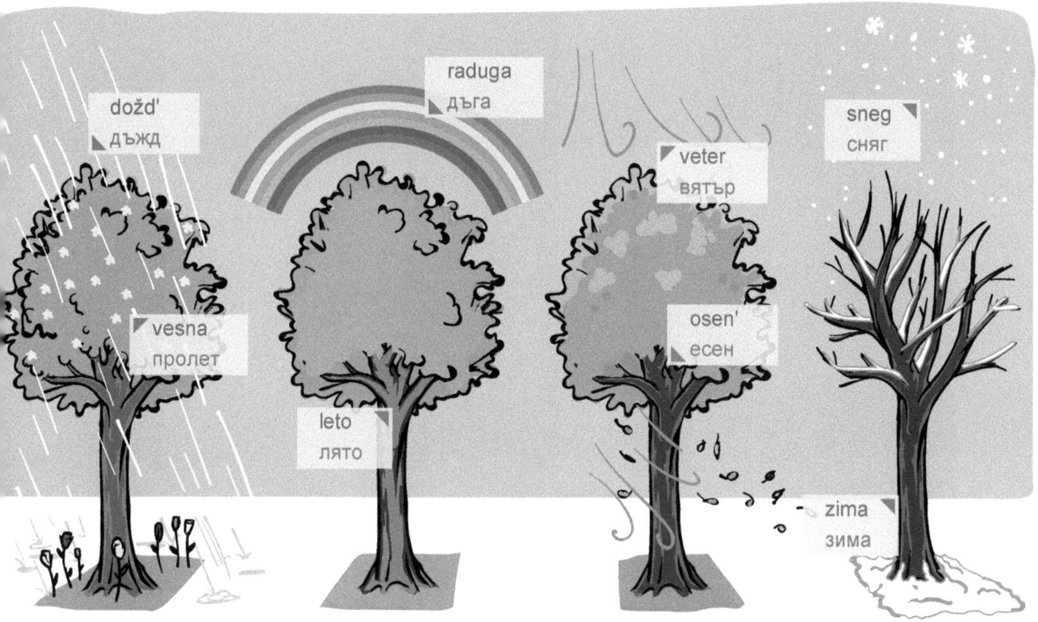

prognoz pogody

прогноза за времето

F C
120 40
90 30
60 20
30 10
0 0
-30 -10
-20

termometr

термометър

solnečnyj svet

слънчева светлина

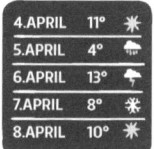

tuča

облак

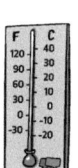

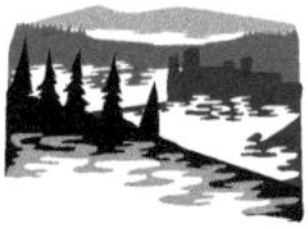

tuman

мъгла

vlažnost' vozduha

влажност на въздуха

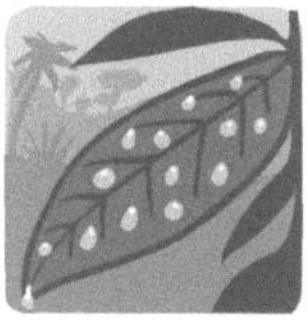

molniâ

светкавица

grom

гръмотевица

burâ

буря

grad

градушка

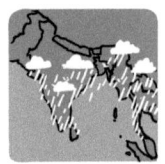

musson

мусон

navodnenie

наводнение

lëd

лед

ânvar'

януари

fevral'

февруари

mart

март

aprel'

април

maj

май

iûn'

юни

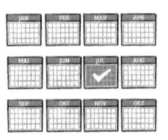

iûl'

юли

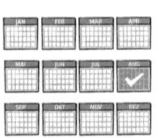

avgust

август

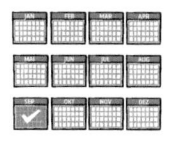

sentâbr'
....
септември

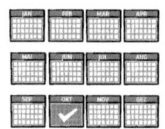

oktâbr'
....
октомври

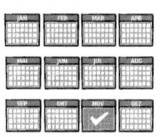

noâbr'
....
ноември

dekabr'
....
декември

formy

форми

krug
....
кръг

kvadrat
....
квадрат

prâmougol'nik
....
четириъгълник

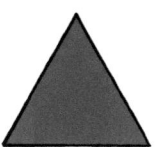

treugol'nik
....
триъгълник

šar
....
сфера

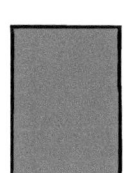

kub
....
куб

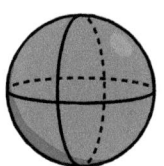

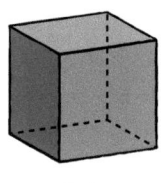

belyj

бял

želtyj

жълт

oranževyj

оранжев

rozovyj

розов

krasnyj

червен

lilovyj

лилав

sinij

син

zelënyj

зелен

koričnevyj

кафяв

seryj

сив

černyj

черен

mnogo / malo

много / малко

ârostnyj / mirnyj

ядосан / спокоен

krasivyj / urodlivyj

красив / грозен

načalo / konec

начало / край

bol'šoj / malen'kij

голям / малък

svetlyj / temnyj

светъл / тъмен

brat / sestra

брат / сестра

čistyj / grâznyj

чист / мръсен

polnyj / nepolnyj

пълен / непълен

den' / noč'

ден / нощ

mërtvyj / žyvoj

мъртъв / жив

šyrokij / uzkij

широк / тесен

s"edobnyj / nes"edobnyj

ядлив / неядлив

zloj / družel ûbnyj

сърдит / любезен

vzvolnovannyj / skučaûŝij

развълнуван / скучаещ

tolstyj / hudoj

дебел / тънък

snačala / v konce

най-напред / най-накрая

drug / vrag

приятел / враг

polnyj / pustoj

пълен / празен

tvërdyj / mâgkij

твърд / мек

tâžëlyj / legkij

тежък / лек

golod / žažda

глад / жажда

bol'noj / zdorovyj

болен / здрав

nezakonnyj / zakonnyj

нелегален / легален

umnyj / glupyj

интелигентен / глупав

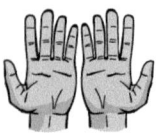

sleva / sprava

ляво / дясно

blizko / daleko

близо / далече

novyj / poderžannyj

нов / употребяван

ničto / nečto

нищо / нещо

staryj / molodoj

стар / млад

vklûčeno / vyklûčeno

вкл. / изкл.

otkryto / zakryto

отворен / затворен

tiho / gromko

тих / силен (звук)

bogatyj / bednyj

богат / беден

pravil'nyj / nepravil'nyj

правилен / погрешен

šerohovatyj / gladkij

грапав / гладък

pečal'nyj / ščastlivyj

тъжен / щастлив

korotkij / dlinnyj

дълъг / къс

medlennyj / bystryj

бавен / бърз

mokryj / suhoj

мокър / сух

tëplyj / prohladnyj

топъл / студен

vojna / mir

война / мир

cyfry
числа

0

nol'

нула

1

odin

едно

2

dva

две

3

tri

три

4

četyre

четири

5

pât'

пет

6

šest'

шест

7

sem'

седем

8

vosem'

осем

9

devât'

девет

10

desât'

десет

11

odinnadcat'

единадесет

12
dvenadcat'

дванадесет

13
trinadcat'

тринадесет

14
četyrnadcat'

четиринадесет

15
pâtnadcat'

петнадесет

16
šestnadcat'

шестнадесет

17
semnadcat'

седемнадесет

18
vosemnadcat'

осемнадесет

19
devâtnadcat'

деветнадесет

20
dvadcat'

двадесет

100
sto

сто

1.000
tysâča

хиляда

1.000.000
million

милион

anglijskij

английски

amerikanskij anglijskij

американски английски

mandarinskij kitajskij

китайски мандарин

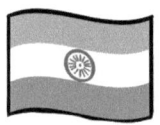

hindi

хинди

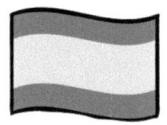

ispanskij

испански

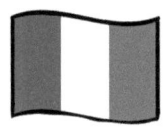

francuzskij

френски

arabskij

арабски

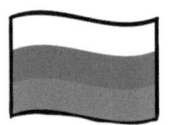

russkij

руски

portugal'skij

португалски

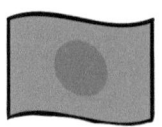

bengal'skij

бенгалски

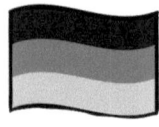

nemeckij

немски

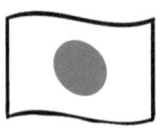

âponskij

японски

â

аз

ty

ти

on / ona / ono

той / тя / то

my

ние

vy

вие

oni

те

kto?

кой?

čto?

какво?

kak?

как?

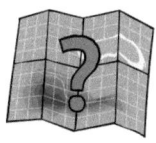

gde?

къде?

kogda?

кога?

imâ

име

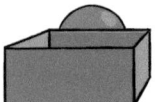

za
зад

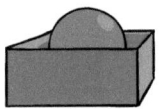

v
в

pered
пред

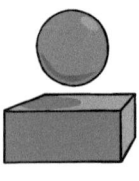

nad
над

na
върху

pod
под

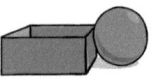

râdom
до

meždu
между

mesto
място